एक लड़की और उसकी चाय

आशु चौधरी " आशुतोष

दुआ करो की तुम्हें किसी से
मोहब्बत ना हो

अगर हो भी तो उसी से हो जो
पहले कभी किसी की मोहब्बत ना
रही हो

क्रम-सूची

क्रम-सूची

क्रम-सूची

क्रम-सूची

प्रस्तावना

युवा पाठक को समर्पित प्रस्तुत पुस्तक "एक लड़की और उसकी चाय " में लेखक ने चाय की मिठास से सहसा उपजे अंतरंग भाव को रेखांकित करने का प्रयास किया है , जो कालांतर में बहुधा शनै:शनै: प्रणय भाव में रूपांतरित हो जाया करता है । हालांकि , कतिपय कारणों से बढ़ते समय के साथ-साथ परस्पर प्रणय भाव के घटते जाने अथवा विलोपित हो जाने की स्थिति में एकतरफा प्रणय निवेदन मर्यादा की सीमा रेखा के घेरे में रहने के चलते तिरस्कृत होकर प्रणय पीड़ा का साक्षी बन जाता है ।

उलट इसके , मानसिक उद्विग्नता से त्रस्त युवाओं द्वारा ऐसी लोमहर्षक व निकृष्टतम कुकृत्य प्राय: संज्ञान में आते ही रहे हैं ,जो समाज के लिए सर्वथा असहनीय व राष्ट्र के लिए वीभत्स कलंक के रूप में विश्व पटल पर प्रतिबिंबित हो जाया करते हैं।

लेखक ने पूर्ण सतर्कता के साथ उन उच्छृंखल मनोविकारों पर परोक्षत: करारा चोट करने की मंशा से इस दिव्य मनोभाव को बखूबी चित्रित करने का प्रयास किया है कि "प्रेम में प्रतिशोध पूर्णत: निषिद्ध है - समर्पण ही तो नैसर्गिक सार है प्रेम का।"

लेखक का उद्देश्य कोमल युवा मन को उन कुंठाओं से संरक्षित करना है , जो परिस्थितिजन्य तिरस्कार से पोषित होकर अवसाद के कारक बन जाते हैं । साथ ही, लेखक ने युवा पीढ़ी को हर हाल में मर्यादा की लक्ष्मण रेखा न लांघने की सीख देकर सुसंस्कार के अनमोल पाठ पढ़ाने की यथेष्ठ चेष्टा की है , जो वर्तमान सामाजिक परिपेक्ष्य में अति प्रासंगिक है और अनुकरणीय भी !

मेरी राय में लेखक की लेखनी अपने प्रयास में बहुत हद तक सफल हो पाई है !

निकट भविष्य में मुझे लेखक के बहुपयोगी एवं मर्मस्पर्शी रचनाओं की प्रतीक्षा रहेगी !

शुभेच्छु ;

प्रमोद आनंद

C.E.O - Straginet Human Resources Consultancy Ltd. &

Reviewer and Editor-in-Chief Of Raushnaii Publication

भूमिका

मोहब्बत वो शय है या कहें की एक खूबसूरत सा एहसास की बदसूरत सी बर्बादी मगर है ये बहुत ही कमाल की चीज ।

ये बस हो जाती है बस उस शख्स को देखा और मोहब्बत हो गई क्यूँ हो जाती है ये भी नहीं पता मोहब्बत कभी कमियाँ और खूबियाँ देखकर नहीं होती ये बस हो जाती है । बस आप उस शख्स पर और उसकी अदाओं पर मर मिटते हैं ।

और बाद में वो शख्स जब आपके करीब आ जाता है तो उत्पन्न होती हैं महज गलतफहमियाँ और वो भी छोटी छोटी बातों से वही शख्स आपके बारे में फिजूल सोचना शुरू कर देता है अगर वो शख्स एक कामयाब इंसान है तो वो आपके बारे में सोचेगा की उसके अंदर इतनी कमियाँ है और सब कुछ जानते हुए भी आप उससे प्यार कर रहे हैं तो फिर वो शख्स ये भी सोचेगा कहीं आप अपने फायदे के लिए तो उससे नहीं जुड़े ।

लेकिन मोहब्बत कभी फायदा और नुकसान देखकर नहीं की जाती ये बस हो जाती है मेरा बार बार प्यार जताना उसे जबरदस्ती लगा उसके आगे गिरना उसे जबरदस्ती लगा उसे बार बार प्यार

जताना घसीटना लगा उसने कभी मेरी बेचैनी मेरी घबराहट नहीं देखी ।

उसके लिए मेरा अपनापन मेरा प्यार सब दिखावा था उसने रोड छाप लड़कों के तरह मुझे ट्रीट किया उसके लिए हम एक दिखावा थे शायद उसे कभी सच्चे लोग सच्चा प्यार नहीं मिला शायद इसलिए आज तक वो लड़की ना तो मुझे ही समझ पाई ना ही मेरे प्यार को ।

आशु चौधरी " आशुतोष
Date- 15/11/2022

लेखक परिचय

लेखक आशु चौधरी "आशुतोष" उर्फ आशुतोष कुमार बिहार के कटिहार जिले के गांधी ग्राम बरेटा के रहने वाले हैं वर्तमान में उन्होंने अपने लेखन को बढ़ावा दिया है साथ ही उनके द्वारा लिखे गए किताब उनकी कहानियों का संकलन भी विभिन्न प्रकाशनों ने

किया है मेकेनिकल इंजीनियर रह चुके आशु चौधरी आशुतोष ने इंजीनियर के रूप में भी विभिन्न क्षेत्रों में काम किया है लेकिन उन्होंने लेखन को अपने काम से ज्यादा महत्व देते हुए मेकेनिकल इंजीनियर के रूप में अपनी नौकरी छोड़ दी या ये कहें की जिंदगी कभी एक जैसी नहीं चलती ...

उनके द्वारा लिखे गए किताब - दर्द ऐ जिन्दगी, रक्षक, परेशान और 'एक लड़की और उसकी चाय' है ।

उनके द्वारा सह लेखक के रूप में संकलित की हुई किताबें - जुस्तजू, इश्क ऐ वतन, माई फेवरेट पर्सन, हैं।

शक और शिकायत

काश मेरे शक और शिकायत में उसे मेरा अपनापन दिखता काश मेरे प्यार में उसे प्यार और गुस्से में अपनापन दिखता तो यकीनन हम आपस में इतने बुरे नहीं बनते पता नहीं उसने मुझे क्या समझा नहीं समझा मगर हमने उसे हमेशा खुद से ज्यादा अहमियत दी मैं बता नहीं सकता उसने जब भी अपने स्कूल के किस्से सुनाए जब भी मैंने उसे शूट में देखा उसके बाद कोई भी लड़की मुझे शूट में दिखी या स्कूल ड्रेस में ही मुझे उसी की याद आती है बहुत याद आती है उसके पुराने किस्से मेरे आस पास मंडराने लगते हैं जो मेरी रूह को बहुत तकलीफ़ पहुंचाती है..

कहते हैं कि शक और शिकायत अपने लोगों से ही होती है वरना इतनी भागदौड़ भरी जिंदगी में किसके पास इतना वक्त है जो सब काम छोड़कर आप पर शक और आपसे शिकायत करे जो लोग आप पर शक या शिकायत नहीं करते यकीनन वही लोग आपकी भावनाओं के साथ खेल जाते हैं क्योंकि उन्हें पता होता है अगर एक आदमी पर ही शक और एक आदमी से ही शिकायत करेंगे तो दूसरा आदमी छूट जाएगा.. ठीक इसके विपरित होते हैं आप पर शक और आपसे शिकायत करने वाले लोग क्योंकि उन्हें आपकी अहमियत पता होती है उन्हें ये डर रहता कहीं वो आपको खो ना दें आपके सिवा उनकी जिंदगी में कोई दूसरा आदमी नहीं होता है वो सारा वक्त आप पर खर्च करते हैं चाहे वो आपसे प्यार करने में आप पर शक करने में या आपसे शिकायत करने में ही क्यों न हो रिटर्न में ऐसे लोगों को बस एक ही नाम मिलता है वो है 'दस्तियाब'

इसी पर मुझे वसी शाह की वो शायरी याद आती है "

"उसे तलाश थी अनजानी मंजिलों की 'वसी'

और मैं दस्तियाब था वो मेरी कद्र क्यों करती,,

मैं बस यही कहूंगा या निवेदन ही समझना जो लोग सिर्फ आपके लिए दस्तियाब (उपलब्ध) रहते हैं उन्हें भूल कर भी मत खोइएगा क्योंकि बड़े अनमोल होते हैं ये शक और शिकायत करने वाले लोग।

आपका

आशु चौधरी "आशुतोष"

From The Desk Of Raushnaii Publication

Published By Notion Press&Edited By Raushnaii Publication

प्रथम संस्करण 2022

इस पुस्तक के किसी भी अंश को किसी भी माध्यम में प्रयोग करने के लिए लेखक से लिखित अनुमति लेना अनिवार्य

है ।

This book has been published with all efforts taken to make the material error-free the consent of the author .

नोशन प्रेस , चेन्नई में मुद्रित

रौशनाई पब्लिकेशन का लोगो और इस किताब का कवर डिजाइन एडिटर राकेश राव की कूची से

From The Desk Of Author

किताब ' एक लड़की और उसकी चाय ' मोहब्बत की उस दास्तां को सुनाता है जिसमे दर्द भी है प्यार भी है दिल की हड़बड़ाहट भी है दो लोगों के बीच का झगड़ा भी है बेचैनी भी है गिरना गिराना गिड़गिड़ाना भी है ,, लेखक के अनुसार ये इस किताब का पहला संस्करण है और उस लड़की और उसके चाय की छोटी सी झलक मात्र है आने वाले वर्षों में लेखक द्वारा इस

किताब के और भी कई संस्करण प्रस्तुत किए जाएंगे ।

Author Details

Author Residence

Gandhigram Bareta, Falka, Katihar
Bihar-854114

Author Contact -

+918210026485

imashuchoudharyashutosh

समर्पण

" मैं ये किताब उसी लड़की को समर्पित करता हूँ जिसे मैं आज तक समझ नहीं पाया जो मुझे आज तक समझ नहीं पाई उसके हिसाब से मैंने उसे हमेशा तकलीफ ही दी है लेकिन ऐसा बिल्कुल भी नहीं है अब भला कोई अपना तरीका कैसे बदल सकता है मैंने अपने तरीके से जो किया मुझे सही लगा शायद मेरा तरीका उसे पसंद नहीं आया या समझ ही नहीं पाई ... खैर अगर मगर जो भी हो मेरे प्यार में एक रती का भी दिखावा नहीं है मिलावट नहीं है जो है सो है ना तो मुझे गिलानी होती है ना अफसोस मैंने अपना बेस्ट दिया है ना झूठ ना फ़रेब जो है सो है जितना दिया है सच दिया है ,,

1. खंजर

> काली लिबास काले बाल
>
> खुले बाल और मुस्कुराते होंठ
>
> कत्लेआम करे जो
>
> वो हसीन खंजर हो तुम

2. बात

हमसे बात करने को तरसते थे जो कभी

उनकी बातों में नहीं आज गहराई है

3. चाय से मेहंदी की महक

> पिलाया था हमें चाय किसी ने
>
> मेहंदी वाले हाथों...
>
> चाय से मेहंदी की महक आज भी
>
> नहीं जाती

4. चाय या अमृत

जैसे किसी ने अमृत दे दिया और

जिंदा हो गए हम...

कुछ इस तरह ही उसकी चाय की

तस्वीरें हुआ करती थी

5. सादगी और ताजगी

6. उसके पीछे

> उसने कहा था कोई उसका पीछा
>
> करता था
>
> ये सुनने के बाद तमाम उम्र हम
>
> उसके पीछे नहीं गए

7. आखिरी सब कुछ या कुछ नहीं

> **"**
>
> वो क्या जाने जिनके लिए आखिरी
>
> कुछ नहीं
>
> हमने इश्क भी की तो आखिरी
>
> समझकर
>
> **"**

8. अब चाय के लिए कोई नहीं पूछता

> उसके होंठों से लगकर आया था
>
> प्याला कोई...
>
> अब हमें चाय के लिए कोई नहीं
>
> पूछता

9. बुराई

जब भी लोगों ने उसकी बुराई की

हमने मोहब्बत उससे बे-इंतेहाई की

10. चाय और रौनक

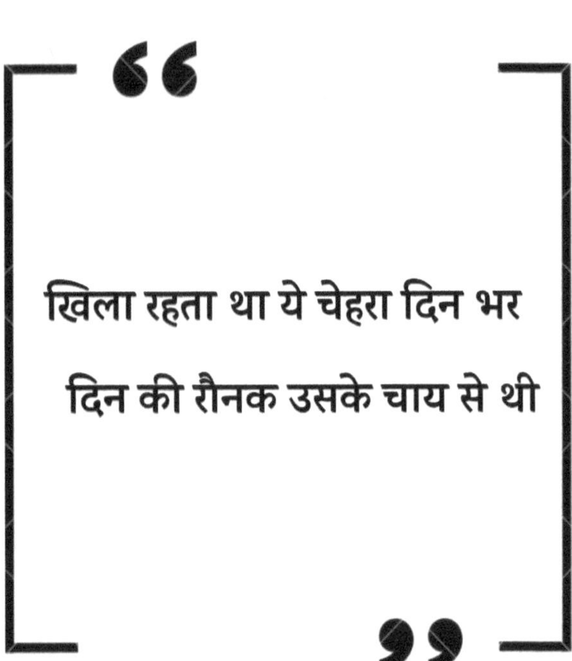

11. उसकी चाय

12. चाय के जरिए मोहब्बत का पैगाम -1

> अपने होंठों के मिठास को चीनी बनाकर अपने सादगी को दूध में घोल कर एक लड़की ने चाय के जरिए मोहब्बत का पैगाम भेजा था

13. हमारी चाय

14. चाय के जरिए मोहब्बत का पैगाम -2

उसके होंठों के मिठास को चीनी

बनाकर उसके सादगी को दूध में

घोल कर हमने चाय के जरिए

मोहब्बत का पैगाम भेजा है

15. नाराज

16. बुरा समझती है

> मेरी बातों को हमेशा उल्टा करके
> सोचती है
> हाँ एक लड़की जो मुझे बुरा
> समझती है

17. दिल का दरवाजा

महफूज छोड़ आता हूँ उसे हर रोज

दिल के दरवाजे तक...

हाँ एक लड़की जो मेरी धड़कनों में

सफर करती है

18. मुझसे बात मत करो

उसने कहा सोने में इतनी रात मत

करो...

हाँ एक लड़की जो अक्सर कहा

करती थी तकलीफ है तो मुझसे

बात मत करो

19. आप बहुत अच्छे हैं

" आप बहुत अच्छे हैं ,,
हाँ एक लड़की जो बार-बार कहा
करती थी...

20. आदत

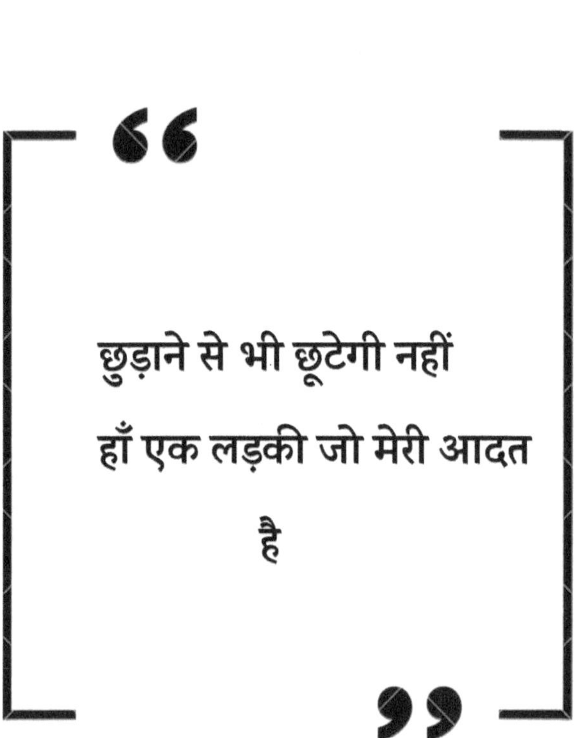

21. मुझसे कैसा डर

22. बेचैन

23. खुद रोती थी

> मुझे हंसा कर खुद रोती थी
>
> हाँ एक लड़की जो हमेशा अपने
>
> गमों को छुपाती थी

24. रात की बातें

" ये कुछ ठीक नहीं ...आप हर बात

आसानी से मान जाते हैं ,,

हाँ एक लड़की जो अक्सर रातों में

कहा करती थी

25. गजब की चाय

> थोड़ी सादगी थोड़ी ताज़गी और
>
> अजब सी महक..
>
> हाँ एक लड़की चाय बहुत गजब
>
> बनाती है

26. ठीक या परेशान

27. वही एक लड़की

शायद कभी करार आए घर की

दहलीज़ पर...

और फिर हमें बेकरार करे हाँ वही

एक लड़की

28. मेरी फिक्र

> मुझे खुद की फिक्र नहीं होती थी
>
> मगर हाँ एक लड़की मेरी फिक्र
> करती थी

29. चाय भेजा करती थीं

> उस दिन ऐसा पहली मर्तबा हुआ
>
> जब मैंने मांगी और उसने नहीं दी
>
> हाँ एक लड़की जो हर रोज चाय
>
> भेजा करती थीं

30. बड़े प्यार से चाय भेजा था

> " फिर अगली सुबह उसने बड़े प्यार
> से चाय भेजा था
> हाँ एक लड़की जो शायद उस दिन
> भूल गई थीं "

31. कोई में से नहीं या कोई में से

"आप मेरे लिए कोई में से नहीं हैं,, कहा करती थी

हाँ एक लड़की जो मुझे एक मानती थी...

32. समझाया करती थी

" कोई जरूरत नहीं है इन सब
में पड़ने का ,,
हाँ एक लड़की जो मुझे अक्सर
समझाया करती थी...

33. याद

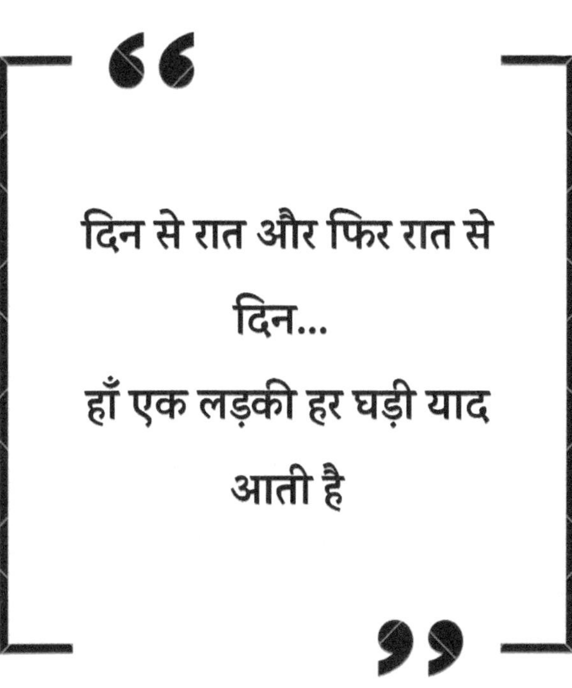

34. होली

35. तू अच्छा या बुरा

36. गमों की बारिश

मौसम बदला नज़ारे बदले

हाँ एक लड़की जिसके जाने से
आई है गमों की बारिश

37. ख्याल

" क्यूँ रखते हो इतना ख्याल

मत रखिए मेरा इतना ख्याल ,,

कहा करती थी...

हाँ एक लड़की जो खुद का

जरा भी ख्याल नहीं रखती है

38. हम कभी एक नहीं हो सकते

"मत करो हमसे

मोहब्बत..तकलीफ़ होगी,, कहा

करती थी...

हाँ एक लड़की जो जानती थी

हम कभी एक नहीं हो सकते

39. बात नहीं करेंगे

उसने कहा " अच्छा आप हमसे
बात नहीं करेंगे जब हम बिछड़
जाएंगे ,,
हाँ एक लड़की जो धीरे धीरे
मुझसे बिछड़ती जा रही थी

40. थोड़ा बात करेंगे

"मेरा मतलब थोड़ा तो बात करेंगे ना कम से कम हाल चाल तो ले ही सकते हैं ,,
हाँ एक लड़की जो अपनी बातों से मेरी धड़कनों की रफ्तार बढ़ाती जा रही थी...

41. छुपा लेंगे

" आपको छुपा लेंगे हम ,, कहा
करती थी...
हाँ एक लड़की जो जमाने से
छुपाती फिर रही है मुझे

42. मैसेंजर पे बात

"अच्छा हमलोग व्हाट्सप्प पर

बात क्यूँ नहीं करते ,, कहा

करती थी...

हाँ एक लड़की जो मुझसे

मैसेंजर पर बात किया करती थी

43. उसका कहा

" अच्छा इतनी आसानी से सबकी
मान जाते हो या बस मेरी बात ही
मानते हो ,, कहा करती थी...
हाँ एक लड़की जो जानती थी की
मैं बस उसका कहा ही मानता हूँ

44. अच्छा हूँ या बुरा हूँ

"सुनिए ना सुनिए ना सुनिए
ना..आप बहुत अच्छे हैं ,, बार बार
कहा करती थी...
हाँ एक लड़की जो शायद मुझे
जान चुकी थी

45. झूठ या सच

"
" सुनो ना.. आप बहुत अच्छे
लगते हैं ,, कहा करती थी...
हाँ एक लड़की जो मोहब्बत का
इजहार नहीं कर पा रही थी
"

46. विडिओ कॉल

"आज विडिओ कॉल करुंगी

क्या ,, पूछा करती थी...

हाँ एक लड़की जिससे मैंने एक

रोज तस्वीरें माँगी थी

47. सब कुछ या कुछ भी नहीं

48. कभी कभी आप अच्छे लगते हैं

उसने कहा ''सुनिए.. कभी
कभी आप अच्छे लगते हैं ,,

हाँ एक लड़की जो कहती थी
''आप बहुत अच्छे हैं ,,

49. मेरे बाल से अपना मुँह ढक लो

"ये लो मेरे बाल से अपना मुँह

ढक लो ,, कहा करती थी...

हाँ एक लड़की कुछ इस कदर ही

हमें सुलाया करती थी

50. बाहों में भर लेती थी

"हम हैं ना बाबू क्यूँ डर रहे हो
आओ इधर आओ ..आओ मेरे
पास ,, कहा करती थी...
हाँ एक लड़की जो दूर से ही सही
मगर बाहों में भर लेती थी

51. बालों में हाथ फेर दूँ

“लाओ आपके बालों में हाथ
फेर दूँ „
हाँ एक लड़की मुझे परेशान
देखकर कहा करती थी

52. पानी या जहर

उसने पूछा "अच्छा कौन कौन
थे ..पानी था पीने के लिए ,,
हाँ एक लड़की जिसके कहने पर
मैं उसके कूचे में गया था

53. पास या दूर

"तुम्हारे इतना पास कोई पास है

क्या ,,

हाँ एक लड़की जिसने यही

बोलकर हमें दूर कर दिया

54. दुनिया समझता था

उसने कहा " नहीं एक तरीका
होता है पूछने का हम बात कर रहे
हैं और तुम कॉल पर कॉल मैसेज
किए जा रहे हो ..क्या समझ कर
रखे हो,,

हाँ एक लड़की जिसे मैं दुनिया
समझता था

55. नींद

उसने कहा "खुद शर्म नहीं आता है
दूसरे की बहन से बारह बजे बात
करते ,,

हाँ एक लड़की जिसे मालूम था
उससे बात किए बिना हमें नींद
नहीं आती

56. कोई जवाब नहीं

उसने कहा ''सोने दो सुबह मेरा स्कूल रहता है कल भी नहीं सोये हैं ठीक से ..तुमको कोई फर्क नहीं पड़ेगा मुझे पड़ता है.. मेरी तबीयत ठीक नहीं रहती है मत किया करो मेरे साथ ऐसा प्लीज ,,

हाँ एक लड़की जिसके इन बातों का मेरे पास कोई जवाब नहीं था

57. कॉल करूँ

उसने कहा ''मेरा कान दर्द देता है
इयरफोन की वजह से ,,

हाँ एक लड़की जो अक्सर पूछा
करती थीं ''कॉल करूँ ,,

58. दिन रात प्यार देता था

उसने कहा ''तुम बस तकलीफ़ ही दिए हो और कुछ नहीं ,,

हाँ लड़की जिसे मैं दिन रात प्यार देता था

59. मैं किसी लड़की से बात तक नहीं करता था

> उसने कहा " ये जो बोलते हो जो करना है करो ..तो सुनो सब वही करते हैं जो उनको करना होता है कोई किसी के अकॉर्डिंग कुछ नहीं करता ..तुम भी वही करते हो जो तुम्हारा मन करता है ,,
> हाँ एक लड़की जिसके सिवा मैं किसी लड़की से बात तक नहीं करता था

60. एक लड़की जिसे मैं दिन रात सोचा करता था

उसने कहा "हम क्या कर रहे ..कैसे रह रहे ना ये बस हमको पता है ..इसलिए तुमसे बहस नहीं करना चाहते हैं..तुम अपने लिए सोच कर जीते हो और हम बस अपने मम्मी पापा का सोच कर जीते हैं ,,

हाँ एक लड़की जिसे मैं दिन रात सोचा करता था

61. मेरा प्यार दिखावा लगता था

उसने कहा ''जितना गैर लड़की से दिखाते हो ना उतना माँ पापा के सपनों का सोच लो ,,

हाँ एक लड़की जिसे मेरा प्यार दिखावा लगता था

62. खुद के हैं या तुम्हारे

उसने कहा ‘‘जो माँ पापा की खुशी नहीं देख रहा वो मेरा तो कभी नहीं है ..बस खुद के हो तुम और किसी के नहीं ,,

हाँ एक लड़की जो अपनी बातों से मुझे और मेरी मोहब्बत को गिराती जा रही थी

63. जबरदस्ती

उसने कहा "तुम मेरे साथ रहना चाहते हो ..इसलिए तुम मुझे नहीं छोड़ना चाहते ..वरना अगर तुमको मेरा फिक्र होता ना तो इतना तकलीफ़ देकर हमको जबरदस्ती अपने साथ नहीं रखते ,,
हाँ एक लड़की जिसे मेरा प्यार जबरदस्ती लगता था

64. रोड छाप आशिक

उसने कहा ''हमको क्या पसंद है ये
ना तो तुम जाने ना ही जानना
चाहे तुमको बस खुद का थोपना
आता है ,,
हाँ एक लड़की जिसे शायद सच्चे
प्यार से ज्यादा उसके पीछे चलने
वाले रोड छाप आशिक पसंद थे

65. गिरना ही जबरदस्ती कहलाता है

उसने कहा ''अब बस बहुत हो
गया.. और नहीं ले सकते हैं
जबरदस्ती का टेंशन,,

हाँ एक लड़की जिसके आगे
गिरना जबरदस्ती कहलाता है